석양의 뒷모습

한국시학 시인선 041

석양의 뒷모습
한국시학 시인선 041

초판 발행 | 2025년 9월 20일

지 은 이 조병기 허형만 임병호 정순영
펴 낸 이 김광기
편집주간 박현솔
제작실장 김병훈
펴 낸 곳 문학과 사람 Literature and Human
출판등록 2016. 7. 22. 제2016-9호
주   소 경기도 시흥시 하상로 36 금호타운 301-203
          서울시 마포구 월드컵북로7길 76-12, 102호
대표전화 010-8773-8806
homepage http://cafe.daum.net/yadan21
E_mail keeps@naver.com

ⓒ4인시, 2025
ISBN 979-11-93841-45-7 03810

값 12,000원

* 이 시집은 교보문고와 연계하여 전자책으로도 출간됩니다.

* 4인시 연락처
  16281 경기도 수원시 장안구 금당로 39번길 34, 조원 뉴타운 215동 1502호
  임병호 010-3320-3354, E-mail : lim470425@hanmail.net

석양의 뒷모습

4인시
여덟 번째 시집

조병기 허형만 임병호 정순영

■□ 차례 / 임병호 시인 편

■ 임병호 시인의 초상

■ 임병호 시인의 詩

조병기(曺秉基) 시인 편

1940년 전남 장성 출생. 1972년『시조문학』3회 천료. 1981년 경향신문 신춘시조 당선, 현대문학(신석초, 박목월, 조병화, 이원섭) 시 천료. 시집『가슴속에 흐르는 강』『숲, 일기』『바람에게』『산길을 걸으며』『황산리 눈보라』『4인 시집』『언제나 거기 그대로』『솔바람 소리』(시선집), 에세이집『겨울에 핀 꽃이 향기롭다』연구서 『현대시에 나타난 서정성 연구』등이 있음. 제3회 한국시조시학상(2004년), 한국 시학 대상(2021년) 수상. 현재 월간『우리시』편집고문,『한국시학』편집자문.

학이 살포시 날개를 접듯

허 형 만

바람칼로 창공을 가르며
유유자적 강산을 날아오르던 학이
소나무 위에 살포시 날개를 접듯

傘壽에 이르기까지
마냥 천진난만한 어린아이처럼
맑고 티 없이 오직 시에만 젖었느니

한 생애가 어쩜 저리 청초할 수 있을까
욕심도 미움도 다 바람결에 날린 학이
소나무 위에 단아하게 날개를 접듯

고향마을 소년 같은

임 병 호

한 달에 한 번
'사인시' 동인들 만나면
막걸리 두어 잔 마시고
부인을 중전마마라고 자랑하는
고향마을 소년 같은 시인이다

옳은 말씀이다, 자고로
남자들은 나이가 들면
아내를 궁궐 안주인
중전으로 모셔야 한다

인생 절반을 군 생활,
절반은 교수로
어언 팔십 년 생애

詩의 곁에서

산, 꽃, 나무, 강, 바다
바람 소리에 근황 전하며

봄비처럼 신록처럼
만산홍엽처럼
따뜻한 겨울처럼

사계절 한결같이
서정의 꽃 피우는
그렇다, 세월 잊은 천생 시인이다

서정의 소리꾼

정 순 영

우리 文脈에
소탈한 서정의 산이 하나 있는데

멀리엔 듯 가까이서
밤에는 등허리에 맑은 달을 짊어지고

깊은 듯 높은 소리를 얻어
장단이 맞는 소리꾼을 속으로 반기는

모시 적삼 싱그러운 바람 휘감은
서정의 산이 하나 있는데

思惟골에
호롱불 하나 밝혀두고

철썩이는 파도에 고즈넉한 섬처럼
우주의 바다에 떠 있는 서정의 소리꾼이 하나 있는데

20

아침 산책

하늘을 가린 숲들이 가자는 데로
매미소리 들으며 따라갈 일이다

산비둘기 참새 까치들도 낯설어하지 않고
철철이 피고 지는 꽃들이 반가워라

강냉이 수염 같은 머리카락 털어내며
한 생애 흔적 되돌아보면

잊혀진 이름들 떠올라
카카오 톡으로 안부 전할까

세상살이 좋아졌다 하지만
물길처럼 들길처럼 믿음으로 흘러가야지

두물머리에 가서

두 강줄기가 만나 섞이는 곳이 두물머리다
강물과 바닷물이 만나는 곳은 풍랑이 거세지만
아무 탈 없이 수 백 리 길 따라
두 강물이 흘러와 섞이는 곳
산들도 따라와 마침내 호수를 이룬다
반짝이는 잔물결 물새들 세상
연꽃들이 손 흔들어 환호하고
강 건너 산마을 저녁연기 피어오른다
아무 탈 없이 두 강물이
순순히 하나로 섞이는 것을
두물머리에 와서 본다

오동나무꽃

애교는 없어도
빙그레 웃는 게 인사다
그냥 그렇게

당고모 열아홉 나이
오동꽃 피던 날

산까치 용마름 타고 앉아
온 마을에 염문을 뿌렸다

고샅길 휘돌던 바람도
향기에 취해 그만
울타리 가에 나자빠져 버린 날

댕기 머리 길게 늘인 당고모는
사립문에 기대어
쪽빛 먼 하늘을 바라고 있었다

잠 못 드는 밤

귀를 열면 더욱
어두워지는 그림자.
귀를 막으면
더 잘 들려오는 소리.
아이가 신열을 앓는다.
그 친구는 현인을 찾아 나서고
들쑤시는 관자놀이
천정에서고, 벽에서고
고장 난 괘종소리.
여섯 갈래, 스무 갈래
인공의 손들이 흔들릴 때
창밖에선 미루나무들이
달빛을 쓸어모으고 있지만
어둠을 쓸어내고 있지만
말씀은 결국
들려오지 않는다.

어머니

올해도 쑥잎은
무성하게 돋아나고 있습니다.
철모르는 아이들처럼
논둑에서고 밭둑에서고
미워할 수 없는 덤불이 되어
순순히 둔덕길을 덮고 있습니다.
저만큼에서 바구니를 이고
걸어오시는 당신,
보퉁이에서 김이 서립니다.
남산만큼이나 배부른 가난을
쑥국새가 와서 채워 줍니다.
바람편에나 안부를 물을까요,
묏등에도 쑥쑥 돋아나는 쑥잎은
당신의 말벗이 되겠지요.

귀뚜라미

외출에서 돌아온 날 밤
귀뚜라미 혼자서
빈방을 지켜 주었다.

섬돌 풀숲도 아닌데
옷장 뒤에서 빈방을 지켜 주었다.

고놈 참 기특하게도
가을을 물고 와
빈방에 가득 풀어 놓는다.

함께 놀다가 잠든 사이
부뚜막 어둔 자리 잡아
자장가를 불러준다.

마파람

보리모개가 누렇게 익어갈 무렵
누이는 찔레 덤불 속 꽃배암 보고
진저리를 친다.

잔등 너머 뻐꾸기
퍽이나도 울어쌓더니
가죽나무 쳐다보던 할멈은
기어코 가고 만다.

들찔레 먹고 꾹꾹,
들쑥 먹고 꾹꾹꾹,

대문 열고 술술 들어온 잡것들
덕석 위에 눕고,
술술 울타리 새로 빠져나간 잡것들
머리칼 산발하고 삽밭에 거기서 눕는다.

비 그친 뒤

산모롱이 구름 속
선녀가 산다던가
무지개다리가 떴다
아이들 환호 소리
한 줄기 빛 부신 햇살에
산나리 꽃들 활짝
가죽나무 까치 소리
반가운 손님이 오시려나
먼 데 산이 다가와 안부를 묻고 간다
숲 바람 지나긴 뒷길
백로 떼 펄럭인다

산수유

어젯밤 내린 비가
흔들어 잠 깨웠나 보다.
눈 비벼 속눈썹 달고 나와
동네방네 기웃거린다.
이 봄엘랑은
마음에 드는 임자 만나
면사포를 입을레나

이 봄엔

간밤에 가는 비가 다녀갔나 보다
춘설이 풀풀 아침을 연다
참새들이 뜰에 내려와
빛 부신 낱말을 뿌려 놓는다

울타리 밑에서 들려오는
땅껍질 터지는 소리
매운 꽃내가 몰려와 숨이 막힌다

안개 속에서 욱신거리는 관자놀이
자꾸만 나는 시들어 가는데
살아 있다는 것이
참으로 신기하다

이 봄엔 죄짓지 말아야지
나른한 햇살에 취해
시름시름 앓지 말아야지

시에게

경기도 파주 삼릉 근처에 가면
흰 백송 몇 그루가 서 있다
가을 하나가 툭 떨어지니
그 소나무가 솔잎을 물들이던가
햇볕과 구름이 하늘에 그려놓은 수채화 한 폭
감기는 앓을 만큼 앓고 나야 하고
감도 익을 대로 익어야 홍시가 된다
사춘기 떫은 사랑도 밤새고 나니
익을 대로 익었으리니
백송 당신이 부처님이십니다

아침

조간신문을 펼치면
잉크 냄새가 향긋하다
창밖 소나무에서 들려오는 까치 소리하고
오늘도 이십일 세기의 태양이 떠오를 거라고 믿는다
늘상 아내가 베란다 화분에 물을 주는 백합도
낼 모레쯤은 방긋이 웃으리라고 기다린다
언제나 아침은 향기로운 사람
하루 종일 곁에 머물었으면
숲길을 걸으며
나 살에 있음에 감사한다

남국의 달빛

눈빛 달빛이
하늘 위의 세상을 만들어 놓았다
숲속 마을 숲속 길 모두
환하게 빛을 뿌려 놓았다

울퉁불퉁 산봉우리 전설이 사는
외딴 숲속 집 한 채
어머니가 가족을 기다리실까

밤이 깊을수록 하얗게 쏟아지는 달빛 따라
낙타 등 산봉우리 하늘길을 간다

코코넛 잎새에 붙어
밤새처럼 울어대는 도마뱀 소리에
한밤 잠을 설친다

눈빛 같은 달빛 밟으며
잃어진 고향을 찾아 나선다

북향

일제 강점기 말 삼 년여간 살았던
함경북도 길주군 풍계리 작은 마을
고샅길 따라가면 우뚝 솟은 산 아래 남대천이 흐른다
여름 한 철 호두가 익어가고
옥수수 강낭콩 통통한 붉은 감자 배불리 먹고 살았다
천변 모래밭에서 누나랑 돌팔매질하며 뛰놀던 그 산천이
핵실험장이 되었단다
할아버지 묘는 무사할까

내 살던 초가집은 어떻게 됐을까
통일되면 맨 먼저 찾아가려 했는데
핵 연기 튀는 불꽃 연기 자욱하다니
남대천은 그대로일까
철교를 건너는 기찻소리 아직 생생한데
밤이면 별빛이 쏟아지는 하늘은
부모님에게 징용 끌려가 탄광 주먹밥 신세가 되어
도망쳐 갔다는 풍계리 산간 마을

어찌 되었을꼬

모두 떠나시고 죄인처럼 나만 살아남아

특종 뉴스를 보다가 눈물 지우며 티브이를 꺼버린다

북정 마을

보름달 떠오르면
남산 광화문이 발아래 앉아있다
드문드문 마을버스 숨이 차지만
기다리는 시간이 즐겁다.
아줌마가 건네주는 따끈한 커피 한 잔
아저씨가 들려주는 전설 같은 이야기
낼모레 마을잔치 한단다
가난은 죄가 아니라 사람들의 향기
넝쿨 진 개나리꽃들처럼
이야기들이 모여 사는 북정 마을은
서울의 마지막 달동네
양지바른 텃밭에 장다리꽃이 돋아나고
골목길 휘어 돌아 살구꽃도 피겠지

반란

세상이 흔들리고 있다
미물들의 저항과 분노 앞에서
지구 덩어리가 휘청거리고 있다
반란의 늪에 갇혀
원초적 도전을 받고 있다
인간의 생존능력은 어디쯤이 될까
우주전 아닌 지구만의 반란일까
인류의 만행에 저항하는 세기의 전쟁이 될까
월, 화, 수, 목, 금, 토, 일 무요일
노랑색 확진 보고가 층간소음으로 들려온다
분리수거 하는 날 아침
플라스틱 빈 술병들이 하늘에 침을 뱉고 있었다
이미 봄꽃들도 시들어 있었다
오늘도 기상예보는 미세먼지가 높다고 예보한다

조팝나무꽃

꿈보다 흰 쌀밥이었다
어머니는 쑥 뜯으러
첫새벽에 나가시고

혼자서 집을 보던 진종일
뻐꾸기도 밥이 그리웠나 보다

방천 둑 청보리 모개는
언제 노랑 방울 앉으려나

해바라기처럼
목 빠지게 기다렸던 어머니는
조팝나무꽃으로 오셨나 보다

장사익

장사익의 노래에서는
일제 징용에 끌려갔다 살아 돌아온
오촌 당숙 냄새가 흐른다.
고개를 넘어야 다가서는 고향
초가마을 고샅길 따라
뚜벅뚜벅 걸어가는
흰 두루마기 자락
솔바람에 나부낀다
떠돌이 황막했던 타향살이
현해탄 거친 파도 속에
젊은 이름도 묻어버린 오촌 당숙은
하늬바람에 억새꽃 머리칼 흩날리며
빙드레 감나무 까치밥 올려다 쳐다보실까

파도에게

이빨이 희디흰 여자는
몸 전체에 불을 지르고
사는 일만큼이나 쉽게 일어서고
죽는 일만큼이나 쉽게 무너지고 있었지요.
도시의 한 끝에서
돌아가거라 너여, 너여
달려오너라 너여, 너여
입이 큰 여자는
외치고 있었지요.
갈매기 발톱 밑에서
힘이 센 그 여자는
하늘이 되라고
바다 같은 슬픔이 되라고
활활 타고 있었지요.
사는 일만큼이나 어렵게
죽는 일만큼이나 어렵게
눈이 큰 여자는
두 하늘을 내왕하면서
황홀하게 부서지고 있었지요.

배롱나무꽃

보릿고개 힘들었던 시절
어머니는 아이가 보채면
진분홍 백일홍꽃을 가리키며
석 달 열흘 백일 배롱나무꽃 세 번 피면
쌀밥 먹는다고 달랬지
아버지는 논두렁에서
왕성하게 올라오는 볏 잎들을 보며
허기를 달랬을 것이라
매미들마저 숨을 죽이고 울지 못하는 대낮
배롱나무꽃, 마파람에 하늘거린다.

허형만(許炯萬) 시인 편

1945년 전남 순천 출생. 현재 국립목포대학교 국문과 명예교수. 1973년『월간문학』에 시로, 1978년『아동문예』에 동시로 등단. 시집『청명』『풀잎이 하나님에게』『모기장을 걷는다』『입 맞추기』『이 어둠 속에 쭈그려 앉아』『供草』『진달래 산천』『풀무치는 무기가 없다』『비 잠시 그친 뒤』『영혼의 눈』『첫차』『눈먼 사랑』『그늘이라는 말』『불타는 얼음』『가벼운 빗방울』『황홀』『四人詩集』『바람칼』『음성』『만났다』등 20권. 시선집『새벽』『따뜻한 그리움』『내 몸이 화살』『있으라 하신 자리에』활판시선집『그늘』한국대표서정시 100인선『뒷굽』그리고 중국어 시집『許炯万詩賞析』과 일본어 시집『耳な葬る』수필집『오매 달이 뜨는구나』. 평론집 및 연구서『시와 역사인식』『우리시와 종교사상』『영랑 김윤식 연구』『문병란 시 연구』『오늘의 젊은 시인 읽기』『박용철 전집-시집 주해』『시문학 1-3호 주해』『허형만 교수의 시창작을 위한 명상록』등. 편운문학상, 한국예술상, 한국시인협회상, 영랑시문학상, 한국시학상, 윤동주문학상, 공초문학상 등 수상.

백합꽃 피던 날 아침

조 병 기

아침에 깨어나 보니

베란다에 흰 백합 서너 송이

그 향기 온 거실에 가득하다

누가 피워내고 갔을까

霧津 앞바다처럼

넓은 가슴이었을까

순례 길에서 막 돌아온

詩仙이었을까

한 십여 년쯤 훗날에도

흰 백합 서너 송이

아침 뜨락에 피웠으면 좋겠다

강물처럼 세월처럼

임 병 호

푸른 강물이다
서정의 頂部에서 샘솟아
심산유곡 흘러나와
사람들의 가슴 적시는
맑고 깊은 강물이다

동서가 두 손 맞잡고
남북이 함께 모인 마을
해 뜨고 달 뜨는 천지 밝히며
백 년 천년 흐르는
무장무장 정겨운 세월이다

사랑하라 용서하라
축복 넘치는 세상
은혜롭게 살아가라
순례자의 영혼으로
그 빛 찾아 나선다

고샅길 품 안에 고여 드는 햇살

정 순 영

나무로 치면
겨울에서야 그 푸르름이 드러나는
소나무 같기도 하고

한 천년쯤
우륵의 가야금 가락으로
백성의 恨을 달래는
오동나무 같기도 하고

곧기로는
새벽이슬에 몸을 씻은
속을 비운 대나무 같기도 한데

다정하고 부드러운 손길은
언제나 그리운 고샅길 품 안에 고여 드는
햇살 같기도 하고

〈
나직한 염려 한 마디는
그 울림이 가슴 속까지 여울지는

언제나
있는 듯 없는 듯 어디에서나
위로하는 시를 자란자란 읊조리네

시인

시인은
앉으나 서나 언어를 정중히 모시는 사람

시인은
풍경의 그늘에서
외로움으로 떨고 있는 언어를
가슴에 품어주는 사람

시인은
허공에 절벽으로 서서
전율하는 언어를
눈물로 다독여주는 사람

시인은
밤마다 언어를 위해 촛불을 켜는 사람

뒷모습

그가 말했다.
뒤에서 보니 어깨가 약간 굽었다고.
서녘 햇살에 비친 젊음이 어른거린다고.

그는 나의 뒷모습에서 벼랑을 보았을까?
위태위태한 생의 절벽에 숨어든
서녘 햇살의 아픔을 보았을까?

왜 하필이면
앞모습이 아니고
뒷모습이냐고 묻지 않았다.

이 나이의 나를
앞모습을 보는 건 상처를 본다는 거.
뒷모습은 때로 외면할 수 있어
오히려 편안한 거지.
〈

우리는 악수를 하고
또 보자 하고 한참을 서서
이제는 내가
저만치 걸어가는 그의 뒷모습을 본다.

초저녁 바람결에 흔들리는
그의 뒷모습.

다음에 만나면 나도
무어라 한 마디 해줘야 할 것 같아
한참을 바라보는데

문득,
다음에 또 만날 수 있을까 싶어진다.
우리네 삶이 그렇다.

홀로 거니는 숲

빗방울을 온몸으로 받아 모시는 나무들 사이로

홀로 거니는 숲은 말이 필요 없는 은총입니다.

이런 날은 나의 간절한 화살기도가 물안개처럼

빗속을 뚫고 하늘로 오르는 모습이 보입니다.

항아리

잠들기 전 생각의 항아리를 비운다

마지막

비운다는 생각까지 비운다

잘 자고 일어난 새벽

은빛 별들이 피라미 떼처럼 헤엄치고 있는

항아리

빈자리

전철에 오른 중년 여인 둘
(중년은 지났을까)

경로석 내 옆자리 비어있는 한 자리 두고
서로 앉으라고 권한다

나는 두 정거장만 가면 내린다는 여인과
네가 힘들 테니 앉으라는 여인

결국 두 여인은
그대로 서서 한참 수다를 떨더니

옆 빈자리와 함께
책을 읽고 있는 사이

두 여인 모두 그 자리를 떠난다
〈

책 속에서는 여전히
언어의 지느러미가 행간을 헤엄치고

빈자리여 안녕!
마침내 나는 원당역에서 내린다

청려장 지팡이

나라에서 준
백세 기념 청려장이
백세 하고도 4년을 더 지내시는
어머니 머리맡을
수문장처럼 지키고 있네
사시는 날까지
그 무엇도 범접하지 못하도록
부동자세로 수문장처럼 지키고 있네
어머니
평화롭게 주무시고 계시네

세탁소 부부

우리 아파트 단지 안에 있는

세탁소 부부는 시인입니다

육체를 빠져나온 상처 난 영혼을

날마다 다리고 꿰매고 수선하는

세탁소 부부는 참 부지런한 시인입니다

한 생애에 대하여

선 채로 홀로 말라죽은 강대나무가 될 것인가

쓰러져 다른 나무에 기대어 죽은 진대나무가 될 것인가

한 생애는 선택의 길이다

뒤척임

산다는 건 뒤척인다는 거
잠자리에서 이리저리 뒤척이다가
이른 새벽 눈 떠보니
한 세상 산다는 거
모두가 뒤척임임을 알겠다.

山寺에서

범종 소리 들리지 않는다

숲은 좌정한 채
적멸에 들고

돌계단 옆
몇 송이 꽃들
이미 속세를 잊은 지 오래다

십자가와 나는

십자가와 나는 불붙은 연인
밤마다 십자가에 올라타
우주를 난다

먼 길 돌아온 오늘
돌연, 십자가의 불길이 빠져나갔을까
한밤중에 무릎이 시리다니
잠결에 나도 모르게 무릎을 구부려
잠을 껴안고 옆으로 돌아눕는다

홀로 거니는 숲

빗방울을 온몸으로 받아 모시는 나무들 사이로

홀로 거니는 숲은 말이 필요 없는 은총입니다.

이런 날은 나의 간절한 화살기도가 물안개처럼

빗속을 뚫고 하늘로 오르는 모습이 보입니다.

이삿날

이른 아침부터
사다리 오르내리는 소리 들리면
이사 가는 집

초저녁까지
사다리 오르내리는 소리 들리면
이사 오는 집

침묵의 정원에서

부러지기 쉬운 연필심처럼 입 잘못 놀리면
톡! 부러지는 것이 사람의 심지
사람이 꽃보다 아름다울 수 없으니
사람이 꽃처럼 아름답다고 아무리 말해도
꽃보다 아름답다고 우기다가 울다가 웃다가
한순간 톡! 부러지는 사람의 심지
오늘도 나는 하루 종일 침묵의 정원에서
톡! 톡! 사람의 심지 부러지는 소리를 듣는다.

택배

새벽 미사 가려고 현관문을 여니
문 앞에 택배가 나를 기다리고 있었다.
내가 잠든 사이 택배는
문 열리기만 기다리고 있었구나.
내가 따뜻한 이불 속에 누워있을 때
차디찬 바닥에서 쭈그리고 잠들었겠구나.
나가다 말고 택배를 안으로 모시며
미안한 마음으로
참고 기다려준 고마움을 가슴에 품는다.

짜릿한 행복

오늘도 산에 오니
바람이 부드러운 숨결로
나의 얼굴을 비빈다

다사로운 햇살도
내 입술에 입 맞추어 주는
오, 이 짜릿한 행복이여!

한 생애에 대하여

선 채로 홀로 꼿꼿하게 말라죽은 강대나무가 될 것인가

쓰러져 다른 나무에 기대어 죽은 진대나무가 될 것인가

나무나 사람이나 한 생애는 선택의 길이다

오늘따라 수시로 소리하던

오늘따라 수시로 소리하던
직박구리 딱따구리
산까치 멧비둘기 그 누구도
소리하지 않는다
저만치 어둠이 서서히 다가오고
오직 나무들 숨 쉬는 소리에
귀를 기울이고 있는 숲
어둠이 마침내 숲에 도착하여
오늘따라 왜 이리 고요한지
숲에게 물었으나
숲은 아무 대답이 없다
오로지 산을 내려오는 나의 발끝에
달빛 채이는 소리만 울릴 뿐

숲길

사람이 다니는 길 위로 보란 듯 뿌리를 내놓은 나무가 있습니다. 사람들은 그 뿌리를 밟고 가거나 종종 그 뿌리에 걸려 휘청, 하기도 합니다. 나무가 뿌리를 하늘로 치켜세울 때는 그 자리는 본시 길이 아니었지요. 사람이 지나다니면서부터 나무는 뿌리의 상처와 아픔을 속으로 간직하기 시작했습니다. 층층이 가지 뻗고 가지마다 싱싱하게 잎을 낳아 한세상 아름답게 사는 나무는 우러러보지도 않고 애먼 뿌리만 밟고 가는 사람들을 나무는 원망하지 않고 오히려 온몸으로 넉넉하게 품어줍니다. 그래서 숲길은 늘 포근하고 아늑합니다.

이유

지금 내가 시를 쓰고 있음은
아직 대표작이 없기 때문
써야 할 때 쓰지 않으면
정작 쓰고 싶을 때는 쓸 수 없기 때문
어제 쓴 시가 좋지 않다는 건 아니지만
어제보다 더 좋은 시가 어디에선가
나를 기다리고 있으리라는 희망 때문
창이 빛으로 존재하듯
내가 살아 있는 동안 나의 영혼에도
시라는 빛이 필요하기 때문
무엇보다 중요한 건
나의 존재를 시가 원하기 때문
시가 원하는 일에
온몸으로 함께하기를 원하기 때문
그 일이 내가 지상에서 할 수 있는
최선의 사랑이기 때문.

임병호(林炳鎬) 시인 편

1947년 경기 수원 출생. 1965년 《화홍시단》으로 작품 활동. 경기일보 문화부장, 논설위원. 국제PEN한국본부 34대, 35대 부이사장 역임. 현, 한국경기시인협회 이사장, 계간 《한국시학》 발행인. 국제PEN한국본부·한국문인협회·한국통일문인협회·중앙대문인회 자문위원. 시집 『幻生』(1975), 『어느 행복주의자의 명상록』(1998), 『詩에 의탁하다』(2017), 『영혼동행』(2019), 『광교산 가는 길』(2020), 『강』(2022) 등 28권. 제1회 경기도인간상록수상 문학부문(1978), 제1회 수원시문화상(1984), 제1회 올해의 경기 문화인상(1998), 제1회 한국문인상(2000), 제14회 한국예총 예술문화상 문학부문 대상, 제4회 전영택문학상, 제1회 백봉문학상(2015), 제2회 세계평화문화대상(2017), 제21회 한국문학비평가협회상, 제3회 한국시원시문학상 대상 외 다수 수상.

형제봉을 바라보며

조 병 기

光敎山에는
다정한 형제봉이 우뚝 서 있다
철철이 진달래, 산나리 꽃
뻐꾸기, 박새들이 산다
알퐁스 도데의 '별'들이 쏟아지는 밤
소쩍새 소리 들으며
지칠 줄 모르고 시를 쓰는
홍안이 부럽다
어느 비 오는 날
통닭집에 불러내어
생맥주 마시고 싶어라

광교산 집 한 채

허 형 만

광교산 위를 날던 구름이
어느 날 종루봉 마루에 걸터앉아 있다가
이곳이 하도나 좋아 집 한 채 짓고 살고 있나니

대추나무골 흐르는 산내리바람처럼
입맛 돋우는 솔맛에 도가 튼 神仙되어
허허청청 달빛에도 취하는 詩仙되어

오늘도 창검 대신 시의 깃발 하나로
화성행궁 올곧은 느티나무처럼
수원성 광교산 지키고 있나니

74

서정의 옷소매로

정 순 영

광교산 자락에서
광교산에 드는 길을 얻어서
玉水 물소리에 감겨 억새 언덕을 오르는
맑게 씻은 달이라면

낮게 움츠린 영혼들에게 따스한 눈빛을 건네는
소박한 서정시인이라면

온순한 골목을 설치는 돈과 무리들의 무작한 세력을
나무라는 저항시인이라면

수원 화성
파란 바람 부는 어디에나
작고 가난한 가슴을 소중히 보듬는 토박이 시인

언제나

광교산에 스미어
맑고 투명한 서민의 서정을 노래하는
딸깍발이 시인

오늘도 어느 초라한 대폿집에서
서정의 옷소매로 아픈 눈물을 닦아 주고 있을 것이다

나무처럼 강물처럼

어느 날 내가 죽으면
'임병호, 이 세상 떠났다'고
알리지 않았으면 좋겠다

강물로 조용히 흐르게
내가 죽었다고
몰랐으면 좋겠다

천년 숲에서
한 그루 나무처럼 살 수 있게
사람들에게 아무 말 하지 않았으면 좋겠다.

낙관주의자

옛날부터 낙관주의자다, 예컨대
아프면 낫겠지, 배고프면 밥 생기겠지,
무슨 일이든 어떻게 될까, 보다
잘 되겠지, 원만하게 생각했다

젊은 아내가 첫 출산을 앞두었을 때
집안에선 득남을 바랐겠지만
나는 딸이 더 좋다고 말했는데
정말 예쁜 공주를 달걀처럼 낳았다

"남자가 상추쌈을 좋아하면 딸 낳는다"
어머니는 며느리 편에서 말씀하셨지만
나중에도 딸 넷, 끝으로 아들이 생겨나
자식 복 많게 슬하에 사녀일남을 두었다

늘그막에 큰돈 걱정 별로 없이

광교산 기슭 조원아파트 15층에서

다섯 자식들의 착한 효도 받으며

가끔 詩도 쓰고 있으니 상팔자가 따로 없다

효행록

강원도 횡성군 둔내면 우용리 산골짜기
가족 피서 여행 온 날 딸들이
근사한 펜션 2층 넓은 거실에
즉석 무대를 꾸미고 주안상을 차렸다

아버지를 닮아 술 좀 하는 딸들이
특별공연이라며 핸드폰 음악 틀어놓고
댄서처럼 유연하게 몸을 흔들며
춤을 추었다, 예쁜 윙크도 보냈다

어느 세월에 손녀를 본 동시 쓰는 큰딸
아나운서 뺨치게 말 잘하는 둘째 딸
여주에서 그림 그리는 범띠 화가 셋째딸
여전히 어린 애 같은 응석꾸러기 막내딸

그래, 그래 애들이 초.중생일 때 저랬었지,

춤추는 딸들을 바라보며 아내가 웃고 있고
딸 많은 집안이 제일이야, 나는 기분이 좋은데
창밖에서 물소리, 새 소리도 어울려 들려왔다

이제 시작이다

2024년 4월 25일 아침,
지난 시절 돌아보니
아닌 게 아니라 꿈결 같다

이런 일 저런 일로
눈물도 흘렸지만
좋은 날이 더 많았다

후회한들 무얼 하나,
아쉬움은 있어도
모두 잊기로 마음먹었다

하지만 그래도
언어 마비증 뇌경색,
대상포진,
심장혈관 수술로 고생, 고생한
2022년은 파란만장이었다

〈
어느새 저쪽으로 흘러간
일흔 일곱 해 세월이여,
생일상 받은 오늘이여

몇천 리 江이
다시
흐르기 시작했다

유치원생처럼

아내의 다리 협착증을
무탈하게 수술해준
보라매병원이 고맙다

재활 치료
한 달 받고 나온 뒤
지팡이 없어도 걷는다

보디가드 없이도
장 보러 다니고
버스도 잘 타고 내린다

어린 처녀 시절
광주군 도척면 곤지암
동네 가수였던 아내의 애창곡은
'초가삼간' '처녀 뱃사공' '개나리 처녀'
〈

팔순을 바라보는 요즈음
유치원생처럼 예쁜 가방 메고
서호 노인복지관
노래 교실에 다닌다

고맙다

치매를 앓고 있는 부인 간병에
외출도 제대로 못하는 지인들을 보면
"이젠 술 적게" 마시라고
잔소리는 많이 해도 아내가 고맙다

나이 들어 다리 협착증으로 고생하다가
좋은 병원에서 수술하고 재활치료 잘 받아
지금은 지팡이 없이 걷기 운동하고
혼자서도 장 보러 다니는 아내가 고맙다

팔십이 내일 모레인데도 옛날처럼
들에서 캐온 봄나물로 반찬 만들어
끼니마다 맛있는 밥상 차려주는
여전히 부지런한 아내가 고맙다

"마누라가 먼저 세상 떠나

외롭고 고달퍼 못 살겠다"는
지인들의 신세 한탄을 들으면
항상 곁에 있는 아내가 정말 고맙다

고맙다 2

심장혈관 수술로
기사회생은 했지만
불원간 죽을 줄 알았는데
갑진년 '청룡의 해'
봄을 맞아
고맙다

병원에서 나온 뒤
오십 걸음 걷기가 힘들었는데
지금은
지팡이 없이
이천 걸음도 문제없어
고맙다

무엇보다
정신 줄 놓지 않아

詩랍시고 가끔 쓸 수 있어
살아 있는 일이
고맙다

문학적

'알츠하이머' 테스트 간호사가
'ㅅ'으로 시작하는 낱말
다섯 개를 말해 보란다

시, 소설, 수필
시심, 시상,

하나씩 대답했더니
간호사가 말하기를
"할아버지,
매우 문학적"이란다

'이래 봬도
내가
시인이야'

그러나
말은 하지 않았다

어머니 말씀

"임금님도 죽고
돈 많은 사람도 죽는다
의사도 죽는다"

그해 여름 저녁 무렵
노을처럼
이 세상 떠나시며

아, 어머니는
머리맡에 앉아있는
자식을 위로하셨다

··· 어머니
어머니 어머니
어머니 어머니 어머니 ···

저 세상 바라보는
요즈음
어머니의 목소리가 자주 들린다

아버지의 호드기

아버지는
봄이면
호드기를 즐겨 부셨다

아버지의
호드기 소리 들으면
어쩐지 좋았다

밭갈이 하실 때
"아부지, 아부지~"
두렁에서 부르면

빙긋 웃으며
손 흔들어 주시던
아버지.

옛날

아버지 그리워
거울을 보면

아버지 닮은
백발의 아들이
거울 속에서 웃는다

박인환문학관

만나고 싶은 사람
박인환 시인이
인제리 숲길에서 기다리고 있었다

강원도 인제군
물 맑은 산야에
머물러 있는 세월

그 눈동자, 입술
가슴 속 이름
어찌 잊을 수 있으랴

시인의 생애가
풀과 나무, 꽃으로
바람으로 살아 있었다
〈

아, 푸른 강물로
유정하게 흐르는 노래
'세월이 가면', '목마와 숙녀'여

박인환 시인이
사람들과 어울려
웃으며 이야기하고 있었다.

예쁘다

"우리 집은, 왜
할머니, 할아버지가 많아요?"
유치원생 외증손녀의 목소리가
봄꽃처럼 예쁘다

시내버스 안에서
재잘거리는 여중생들이
참새들처럼 예쁘다

치킨집에서 맥주를 마시며
깔깔대는 아가씨들이
딸들처럼 예쁘다

김치전 안주 놓고 마주 앉아
술을 따라주는 아내가
새댁 시절처럼 예쁘다

노년의 귀

白露 무렵
뜨락 풀잎에
이슬 내리는 소리 들린다

들녘 곡식들
영글어가는 소리
금빛 노래

山門에서 바라보면
나뭇잎들이 시나브로
붉게 물들어가는 소리

사람이 늙으면
세월 흐르는 소리를 듣는다
귀가 밝아진다

노년의 눈

천년 숲에서
한 그루 나무로 살고 있는
미래의 모습이 보인다

저세상에서 살고 계신 아버지, 어머니,
형님, 아우의 얼굴,
앞서 떠난 시인들이 보인다

증손주들이
세상에서
제일 예쁘게 보인다

연상의 아내가
처녀 시절
진달래꽃으로 보인다

갔다 올게요

젊었을 적 출근할 때
집을 나서며
아내에게
"갔다 올게요"
인사했다

지금도 외출할 때
옷 챙겨주는
아내에게
"갔다 올게요"
인사한다

언젠가
이 세상 떠날 때
아내에게
"갔다 올게요"
인사하겠다.

강릉 바닷가에서

시월 파도가
추억으로 밀려와
가슴속에서 출렁거렸다

許蘭雪軒
영혼을 찾아온
'시인마을' 사람들

파도 소리와
해변을 거닐며
그녀의 스물일곱 생애를 돌아보았다

詩는 운명이었다
詩는 위안이었다
詩는 영생이었다

일천오백팔십구 년 세상을 떠나

오늘에서 살고 있는
여류시인을 만났다.

*허난설헌 : 조선 중기의 여류시인(1563~1589)

아내의 말씀은 음악이다

세월 정말 빠르다, 일곱 번째 합동시집
『금강산 가는 길』을 출간한
'4인시' 동인들은
한국의 남자다

세상없어도 한 달에 한 번
서울, 안양, 수원에서 만나
술잔을 주고받으며 즐거워한다

반세기 넘게 詩와 살아왔지만
모이면 서로 근황만 나누며
'구구팔팔' 하게 살자며
문학 얘기는 별로 하지 않는다

부인이 치매로 고생하는 어이없는 이야기,
난치병 극복 후 일상에 참견이 많아진 이야기,
다리 협착증 수술하고 걷기 연습하는 이야기,

화제가 주로 '중전마마'들 걱정뿐이다

결론은 '아내를 사랑합시다'인데,
옛날보다 잔소리가 좀 늘었어도
"집사람의 말씀을 음악으로 듣자"는
'4인시' 동인들은 참 인간적이다

아내는 경제적이다

반찬값 줄인다고
봄 들녘에서
냉이, 씀바귀를 캐온다

병원비 약값 아끼고
혈당 조절하는 데 좋다며
민들레도 찾아 나선다

어쩌다 글을 쓸 때
커피잔 들고
서재에 들어와서

"요즘 시 한 편에 얼마 받아요?"
슬며시 묻는
아내는 경제적이다.

다시 입춘

살아 있는 것이 신기하다,
2025년 을사년 입춘일 맞아
여생이 고맙다

봄, 얼마나 아름다운 이름인가,
봄, 얼마나 꿈 같은 그리움인가
봄, 얼마나 아늑한 희망인가

강나루 훈풍처럼
향기로운
입춘 바람

광교산에서 꽃망울 열고 있는
산수유나무들 보고 싶어
집을 나섰다.

'청송 주막' 차려 놓으세요

보고 싶은 형님,

그쪽 세상에 잘 가셨지요?

오늘도 평안하시지요?

백 년은 넘게 계실 줄 알았는데

그리도 많고 많은

추억을 남겨 놓고 떠나시어

애통하고 절통하지만 그러나

인명이 재천이라는데 어쩌겠습니까.

형님이 떠나시던 날

신촌 세브란스 병원에서

성수 형은 소주를 일곱 병,

나도 따라서 마셨는데 취하지 않았습니다.

"주당 삼총사, 김송배 정성수 임병호는

이제 어디서 만나느냐"고 사람들이 말했지만

그리 걱정할 일은 아닙니다.

임병호 정성수 중 누가 먼저 찾아갈지 모르지만

그 세상에서 쉽게 찾게 '청시마을'에

'청송 주막' 근사하게 차려 놓으세요.

삼총사가 다시 담배 맛있게 태우며

모처럼 술 좀 취하도록 마시지요.

정순영 총장, 방지원 시인, 강명숙 시인

'청시' 여러 동인들은

요즘 잘 지내고 있습니다.

형님의 무병장수를 빕니다.

할 말은 많사오나 이만 총총.

*한국시단의 원로 聽松 김송배 시인이 2025년 5월 6일, 향년 82세로 소천
하셨다. 경남 합천 출생으로 한국문인협회 부이사장 등을 역임한 김송배 시인
은 시문예지 《시원》 발행인으로 한국 시문학 발전에 크게 이바지하였다. 특히
훌륭한 인품과 작품으로 칭송이 높았다.
  김송배, 정성수, 임병호는 40대 시절부터 두주불사의 애주가여서 특히 서울
문단에서 '三酒豪'라고 명명했다. 김송배 시인이 타계 전 발간한 수상록 『할 말
은 많사오나 이만 총총』이 베스트 셀러가 되어 추모의 정이 더욱 깊다.
  *聽松 : 김송배 시인의 아호
  *聽詩 : 김송배 시인이 지도하던 시문학회

정순영(鄭珣永) 시인 편

1949년 경남 하동 출생. 1973~4년 시전문지 『풀과 별』(이동주, 정완영) 추천완료.
시집 『시는 꽃인가』(1976), 『꽃이고 싶은 단장』(1976), 『조선 징소리』(1981), 『침묵보
다 더 낮은 목소리』(1990), 『추억의 골짝에서』(2000), 『잡은 손을 놓으며(정혜진 공
저)』(2009), 『사랑』(2014), 『4인시(조병기, 허형만, 임병호 공저)』 등. 국민포장, 옥조근정
훈장 수훈. 봉생문화상 문학부문, 자랑스런 시인상, 부산문학상, 부산시인협회상, 여
산문학상, 부산PEN문학상, 한국시학상, 한국현대문학100주년기념문학상, 세종문
화예술대상, 한국문예대상 수상. 부산시인협회 회장, 부산문인협회 수석부회장, 국제
PEN한국본부 부산위원회 회장, 한국현대시인협회 중앙위원회 의장, 한국자유문인협
회 회장, 국제PEN한국본부 부이사장, 부산과학기술대학교 총장, 동명대학교 총장, 세
종대학교 석좌교수 역임. <흙과 바람> 동인. <4인시> 동인. <샛> 동인.

강바람 솔바람 소리

조 병 기

사람이 그리운 날 문득
섬진강 물길 따라
河東에 닿으면
강바람 솔바람이 만나는
키 큰 연리지 소나무
잠들었던 내 詩魂을
흔들어 깨워 주던가
강바람에 머리칼 헹구고
고샅길 돌고 돌아
다정한 친구들 반가워라
나는 이미 고향집에 와 있다

큰바위얼굴

허 형 만

지리산 하동 땅에 큰바위얼굴 하나 있다

섬진강 물결이 저리 맑은 것은
하동 땅 큰바위얼굴을 비추기 위해서다

섬진강 모래가 저리 빛남은
하동 땅 큰바위얼굴의 이마가
쌍계사 불일폭포처럼 빛나기 때문이다

화개십리 벚꽃이나
광양 매화 보러 다녀온 사람들
마음이 맑아지고 이마가 환해지는 까닭은
섬진강에서 선한 큰바위얼굴을 보았기 때문이다

서정의 빛이여, 상징이여

임 병 호

경상도 河東
섬진강 白沙靑松으로
봄 여름 가을 겨울
사시장철 의연하다

꽃 피고 새들 지저귀는
갈마산 '詩의 동산'
靑竹 숲 푸르게
푸르게 가꾼 시인

섬진강 유유한 물길로
팔십 리 포구 돌아
남해 바다로 흘러가는
맑은 시혼이 유정하다

오늘도 쌍계사 종소리로

사바세계 가슴 밝히는
빛 밝은 노래

하동 천지 누리에 가득한
서정의 빛
풀과 별이여
언제나 눈부신 상징이여

거듭남

두려워 말아라
생겨나면 죽고 죽어서는 생겨날 것이다
꽃피는 새싹은 무성한 여름이 보이고
하늬바람은 발가벗은 겨울나무를 깨우친다
두려워 말아라
몸은 흙으로 돌아가도
시간 밖에서 시간 안으로 오신 이의 품에서
회개하고 죽어서 강물에 씻기어
새하얀 세마포에 휘감기어 살아올라 참 빛으로 빛나리니
두려워 말아라
다시 생겨난 순진한 생명은 죽지 않는다

진달래

겨우내
속으로만 여민

붉은 꽃봉오리에
해맑은 하늘빛이 스미어

다시 살아나
승천(昇天)한 이가 그리워

주여
주여
간구하는

봄바람에
볼 붉히는 연분(緣分)*

양지바른 산자락에서

발갛게 취해 드러누워 봄 잠을 자는가

슬픔에 젖은 예쁜 아씨여~!

*연분(緣分)은 대속(代贖) 예수가 십자가의 보혈로 인류의 죄를 대신 씻어
구원한 일

한 사흘 흘린 눈물을 닦고

– 청송(聽松) 김송배 시인을 보내고

고향 합천이 그리우면
하동 참게가리장 먹으러 가자던
걸음으로
산천(山川)이 초록으로 물들고
동네의 고샅길에는 눈물 젖은 붉은 장미꽃이 만장(輓
章)* 같이 주렁주렁
오월 초(初) 엿새
흙에서 온 육신은 흙으로
영혼은 본향으로
온돌 아랫목 같은 깊은 마음 따뜻한 손을 어찌 단번에
놓고 가시고는
이제는 내 안에 오시어
한 사흘 흘린 눈물이 화개천(花開川)으로 청량하게 흐
르는
지리산자락 하동 진목 미강재(未江齋)* 건넛산에
사철 짙푸른 한그루 청송(聽松)으로

보고프면 서재에 가서 청송(靑松)을 마주 담소(談笑)
하리이다

탱자나무

1

말씀의 소리꾼이 탱자나무 북채로
세상의 박(拍)과 박 사이를 치고 들어가서
북통을 따악 하고 치면
성령이 죄를 물리치고 생명을 구하나니

2

탱자나무 빼족한 가시 울타리에는
멧새들이 곱디고운 세마포를 입고 오손도손 소곤거리네
매가 하늘을 쉼 없이 선회하지만
멧새들은 눈 하나 깜빡하지 않고 평온하게 감사기도를
하네

〈"탱자나무" 묵상 성경 구절〉
*시편 104편 12절 "공중의 새들이 그 가에서 깃들이며 나뭇가지 사이에서 소리를 발하는도다"
*에스겔 17장 23절 "이스라엘 높은 산에 심으리니 그 가지가 무성하고 열매를 맺어서 아름다운 백향목을 이룰 것이요 각양 새가 그 아래 깃들이며 그 가지 그늘에 거할지라"
31장 6절 "공중의 모든 새가 그 큰 가지에 깃들이며 들의 모든 짐승이 그 가는 가지 밑에 새끼를 낳으며 모든 큰 나라가 그 그늘 아래 거하였었느니라"
*다니엘 4장 12절 "그 잎사귀는 아름답고 그 열매는 많아서 만민의 식물이 될만하고 들짐승이 그 그늘에 있으며 공중에 나는 새는 그 가지에 깃들이고 무릇 혈기 있는 자가 거기서 식물을 얻더라"
*마태복음 13장 32절 " 이는 모든 씨보다 작은 것이로되 자란 후에는 나물보다 커서 나무가 되매 공중의 새들이 와서 그 가지에 깃들이느니라"

화개골 봄

지리산 화개골엔
꽃 터지는 소리 소란하네
청량한 물소리에
붉디붉은 진달래가 아직 시린 산언덕에 슬픈 울음을
뭉텅뭉텅 뿌리네
벚꽃 함박눈 꽃바람에
내가 환희의 구름을 타고
성스러운 참빛에 휘감기어 날아오르네

하나님의 산책

마른 겨울나무 가지에 이슬이 맺히니
하늘 깊은 곳에서 영롱한 빛살이 훈풍을 데리고 오네
겨우내 움츠렸던 땅의 우울은 가라
사람들의 언 마음 아래로 희망의 시냇물이 조잘거리고
무심한 나그네도 교회당 종소리에 양심의 손을 얹고 회
개하네
연초록 착한 마음들이 고샅길 언덕에서 여명을 머금고
기도하는
봄은 발목에 이슬을 적시는 하나님의 산책인가보다
언덕과 들을 가로질러 푸닥거리는 새들이
새싹 연두 붉은 나뭇가지에 부리를 닦고 눈부시게 파
란 봄 하늘을 찬양하네
새 생명의 숨소리가 하늘과 땅을 울리네

가야금과 침향(沈香)

가얏고 마을 언덕배기에 오르면 천년을 덩실덩실 어깨춤 씰룩이게 하는 열두 줄 가락이 오동나무에서 울려 나온다

보라

어찌 천년을 살아 백성의 한(恨)을 달래 온 것이 오동나무를 제 혼으로 다듬어서 손가락으로 천상의 가락을 튕겨내는 악성 우륵의 가야금뿐이랴

어느 참 선비가 나라에 바친 목숨이 참나무가 되어

참나무 뿌리가 머금은 땅의 이슬방울이 글썽글썽 모인 옹달샘이 흘러내려 가서 바닷물과 만나는 물 바다 모퉁이에 제 몸에 난 상처를 치유하기 위해 참나무가 분비한 점도가 높은 한(恨)이 침착된 수지의 나무토막을 백 년이고 천년이고 잠가 두었으니

보라

흑갈색 맵고 쓴 맛의 정기(精氣)가 아녀자에게 잉태를 사내에게 정력이 솟구치도록 몸을 보(補)하고 치유하는 명약 침향이 아니더냐

바닷물 구멍에서 끄집어낸 침향을 그늘에 잘 말리어 잘게 쪼갠 조각을 향로에 놓으면 백성의 평온이 세월만큼 짙은 향기 속에 천 년 전 오동나무로 지은 우륵의 가야금 가락을 듣는 듯, 수지의 나무토막을 바닷물에 던져 넣은 사람의 영혼이 침향의 향기와 맛을 즐겨하는 듯 않느냐

　　보라

　　백성의 마음을 팔아 금을 거두고 금으로 휘두르는 팔뚝을 거느리며 우쭐거리는 사람들아

　　빈 뜰에 오동나무 한 그루 심을 요량이나 마음 아픈 사람들의 상처를 달래기에 수지 나무 몇 토막이라도 맑은 물 따라가서 바다에 부닥뜨리는 물 모퉁이에 던져둘 요량 있느냐

　　숨을 헐떡거리며 자드락 길을 기어오르는 사람들아

거저 주라

애잔한 짝사랑처럼
하나님께서
붉은 피와 싱그러운 녹음과
맑고 푸른 하늘의
생명의 빛을
태초에 거저 주셨으니
애틋한 세상에 순진한 복음(福音)을 거저 주라
눈이 부시게 하얀 세마포에
붉게 적신 서녘 하늘을
주시는 이가
온 사랑을 다 주셨으니
받은 사랑 남김없이 거저 주라
은혜에 감사하는 찬송이 하늘과 땅에 울리도록

그리워하는 이여, 오시옵소서

이제는 오시옵소서, 내 안에서 그리워하는 이여
희생으로 사랑의 볍씨를 뿌리시어 오직 하늘을 우러러
해맑은 싹을 틔우고
뿌리가 박히고 터가 굳어져서
사랑의 넓이와 길이와 높이와 깊이를 깨달아 충만하기
를 바라오니

이제는 오시옵소서, 내 안에서 그리워하는 이여
땅의 시간 가운데서 생각하여 구하는 것이 넘치도록
부르심으로 겸손과 온유와 오래 참음으로 사랑 가운데
서 서로 용납하여
몸이 성령에 순종하오니

이제는 오시옵소서, 내 안에서 그리워하는 이여
올라가셨다가 다시 땅 아래로 내리신 이를 아는 것으로
사랑 안에서 참된 것을 하여 자라서 닮아가는 거룩한
순수를
거두소서, 땅에 뿌린 볍씨의 알곡을 거두소서

나무의 귀

나무는 가지마다 귀가 있다

가지가 많은 나무일수록 많은 이야기를 듣는다

깊은 계곡의 옹달샘에 숨어서 반짝거리는 윤슬의 빛살

소리에서부터

유유히 흐르는 강의 깊은 숨소리와 쓸쓸한 들판 한 가

장자리에 홀로 피어 흔들리는 풀꽃의 가녀린 목소리와 황

량한 도회길거리 진눈깨비 속에서 종이를 주워 모은 돈주

머니를 '나보다 더 가난한 이웃에게 주라'는 꼬부랑 할머

니의 마음소리까지 소중한 소리는 낱낱이 들어서 생명책

에 기록한다

봄 몸살

건넛산에
연초록 봄물이 오르거든
그리운 사람을 그리워하자

청명한 시냇물 소리 산새 소리에
봄 몸살을 앓거든
파란 하늘에 그려지는 진달래 화관을 쓴 사람을
그리워하자

사람들의 눈에는 보이지 않는
봄을 데리고 온 내 안의 성령처럼
이제는 고난이 사랑이네
사랑이네

땅의 끝자리까지 생명의 샘물이 흐르거든
죄악이 질퍽거리는 세상을 사랑하고도
다시 오실 이를 그리워하자

산역(山役)

아침마다
나를 산역하고는

하늘에서 흘러 내려오는
여명의 시냇물에 흙삽을 씻는다

가시와 엉겅퀴에
낫질을 하고

쉼 없이 밀려와
괴로워하며 부서지는 파도

십자가 생명 나무에서 떨어지는 핏방울에
다시 살아서

나를 산역하고는
시냇가로 내려와 흙삽을 씻는다

*산역(山役) : 무덤을 파고 관을 묻고 흙으로 덮어 뫼를 만드는 일.

오월의 해질녘에는

오월의 해질녘에는
붉은 장미꽃이 주렁주렁 피어있는
반지하 빌라 마을 좁은 골목길을
어슬렁어슬렁 걷자

갈라진 길바닥에 뿌리를 내리고
노랗거나 하얗게 웃는 풀꽃들과
다정히 눈인사를 나누며
살랑살랑 걷자

하늘 닿는 골목길
교회당 십자가에 비추이는
노을빛 은혜의 햇살을 마시며
사뿐사뿐 걷자

올가을에는

여태 설레기만 했던 그리움을
올가을에는 찾아가리

산모롱이 황톳길 갈대 일렁이는 강나루 은빛 윤슬
볼을 붉히며 석류가 알알이 익어가는 장독대
세월만큼 헤아린 고샅길 돌담 윗돌 아래
묻어 둔 그리움을

올가을에는 찾아가리

노을빛 물든 세월
소쩍새 소쩍소쩍 달래주는 서러움
달 밝은 창밖을 스치는 쓸쓸한 갈바람에
그리움의 뒤안길을 헤매는 나그네

내 안의 아이가 뛰놀던 앞마당에 낙엽이 지고 눈이 내
리면 어이하리

〈

어늬

어스름이 지면 군불 지핀 황토방 아랫목에서

낡은 창문에 비치는 그리움의 마중물 별빛 울음을 울
리라

은혜

톡 치면
쨍하고 깨질 것 같은
하늘에서
오신
빛살 한 자락이
천상(天上)의 갑옷을 벗고 엎드려
눈먼 잡목(雜木)들의 발을 씻기시네

그 참한 눈빛이
하얀 백자(白磁) 내 깨달음의 그릇을
장미꽃보다 더 붉은
사랑으로 충만케 하시네

찬송하세
찬송하세
내 안에 오신 이의 가없는
사랑을 찬송하세

주름살

내 얼굴에는
추억의 강이 흐르고 있습니다
골 깊은 강에 노을이 지면
눈물 흥건한 별들이 하나둘 반짝거립니다
어깨를 다독이는 아버지별과
안쓰러워하는 마음의 어머니별과
그리운 형제의 별들이 손깍지를 꼬옥 끼고 반짝거립니다
별들은 반짝거리며 향수(鄕愁)를 이야기합니다
내 얼굴에는
나를 내려다보는 별들이 반짝거리는
강이 유유히 흐르고 있습니다

종

나는 종입니다
내 안에 오신 이와
내 안에 오신 이를 보내신 이의 종입니다

나는 종입니다
내가 감동하는 우주와
우주에 생명을 불어넣으신 이의 종입니다

나는 종입니다
나의 죄와
타락한 세상을 구원하신 이의 종입니다

나는 종입니다
사망에서 영생으로 눈부신 사랑의 빛을 실행하신
사랑의 종입니다
〈

나는 종입니다
내 안의 존귀한 이의 이름으로
아무 일에나 부끄러움 없이 실행하는 종입니다.

참한 빛이 내려와

인생을 들여다보면
대낮에도 이웃들과 모여 앉은 자리가
어둑어둑해서
서로 알아듣지 못하는 우울한 말을 하지만

별이 총총한 밤에
낮게 엎드려 회개하는 기도를 하니
간절한 소망의 조아린 가슴에 참한 빛이 내려와
하늘의 별들과 같은 말로 기뻐하고 감사하고 사랑하네

첫눈 오는 날

낙엽이
바스락바스락
마지막 숨을 쉬는 날

하늘이 펴신 팔로
함박눈을 펑펑 내리네

향기 나는 진줏빛 변산바람꽃 한 송이가
뽀드득뽀드득
내게로 걸어오네

하얀 은혜를
소복소복 맞으며
사랑을 거룩하게 찬송하네

하늘을 올려다보니
하늘 가득 뽀얗게 찬송이 울리네

청노루귀

유년 시절의 고향 동무를
먼저 하늘나라로 떠나보내고

지리산 형제봉이 또렷이 보이는
강 언덕에 앉아

눈시울에 방울방울 맺힌 추억을
양지바른 언덕에 두고 왔더니

겨울을 잘 견딘 청노루귀가
보송보송 그리움의 솜털 꽃대를 올려

자줏빛 봄 울음을 운다네
자줏빛 봄 울음을 운다네